Mitología Romana

Historias provenientes del Pentatlón Romano

Adam Andino

Contenido

Introducción: Breve Historia de la Mitología Romana

Veni. Vidi. Vici. "Vine. Vi. Conquisté".

Julio César, primer emperador de Roma y belicista, escribió una de las frases en latín más emblemáticas que conoce el ser humano tras conquistar la Galia hacia el año 47 a.C., expandiendo así aún más el imperio. Su reputación le precede, incluso casi dos milenios después. Por impresionante que fuera la carrera militar de César, la ciudad de Roma y sus gentes llevaban asentadas en la zona cientos de años antes que él y así continuaron hasta la caída del Imperio Romano.

La caída del Imperio Romano es muy discutida en los círculos históricos. Algunos dicen que cayó con el auge del Imperio Bizantino en 476 d.C., otros dicen que cayó en el siglo XV cuando lo hizo Constantinopla, en la actual Estambul, Turquía.

¿Por qué cayó el Imperio Romano? Las teorías son numerosas, entre ellas el auge del Islam, el plomo en el agua potable, la inflación con otros problemas económicos e incluso permitir que vándalos y bárbaros ocuparan posiciones de poder. Con mucho, la más popular y ampliamente creída es el ascenso del cristianismo. Anteriormente, la principal religión de Roma era politeísta, es decir, se rendía culto a muchos dioses. Era el alma del sistema de creencias y de la cultura romana. Esta cultura se remontaba a miles de años atrás, hasta la época en que los etruscos estaban en el poder.

Influencias Griegas y Latinas

Los romanos originales no se llamaban romanos, sino que formaban parte de un pequeño núcleo de pueblos asentados en la zona conocida como Lacio. Este pueblo era conocido como los latinos, y se sabía que eran extremadamente supersticiosos y creían en muchos dioses, diosas y espíritus. Su principal preocupación en aquella época era que las divinidades velaran por la granja y el hogar. Con el tiempo, el centro se convirtió en una ciudad y acabó entrando en contacto con los griegos. La influencia griega sobre los latinos fue inmensa. Tanto los latinos como los griegos eran politeístas y tenían muchas deidades que gobernaban sobre el mismo elemento o poder. Los latinos lo reconocieron y, para diferenciar ambas religiones, mantuvieron sus nombres latinos. Por ejemplo, el dios griego Zeus se conoce hoy como Júpiter en la mitología romana.

Aunque pueda parecer que la mitología griega y la romana son iguales para el ojo inexperto, los romanos tienen sus propios mitos y leyendas. Por ejemplo, Roma tiene una larga y complicada saga de su fundación: Desde Eneas huyendo de la guerra de Troya hasta Rómulo y Remo, Roma ha encontrado la manera de diferenciarse de sus predecesores griegos. Algunas de las deidades tienen su origen en los etruscos, con uno de los primeros dioses conocido como Jano. Jano no tiene equivalente griego, ya que esta deidad en particular es anterior a la intervención de los griegos.

Religión Tolerante

Muchas religiones politeístas, pasadas o presentes, fueron sorprendentemente muy tolerantes con otras religiones. Con la excepción del cristianismo y la persecución de los judíos en el cambio de milenio, los romanos, en lo que respecta a la religión, cometieron pocas atrocidades en aras de un seguidor. Por ejemplo, rara vez hubo sacrificios humanos. Mientras los romanos expandían su imperio, se inspiraban en las deidades localizadas de la zona. Un ejemplo sería Isis, la diosa egipcia de la tierra. En lugar de renunciar por completo a la religión, construyeron templos en su nombre y la integraron en su reino de deidades.

Cómo Influyeron los Dioses en la Vida Cotidiana

La religión tenía un enorme impacto en la vida cotidiana de los romanos, aunque no se aplicaba directamente en sus leyes para mantener el orden. Dado que la religión había estado tan arraigada en la sociedad de los latinos, también era naturalmente una fuerza motriz en la sociedad romana. No existía un código formal sobre cómo comportarse, a diferencia de otros textos religiosos como la Biblia. Los rituales y creencias sobre la importancia de la granja y el hogar estaban bien establecidos antes de las futuras complejidades de Roma.

Culto a las Divinidades

Aunque los romanos no tenían un código de conducta oficial, rendían culto a sus deidades en relación con lo que necesitaban en sus vidas. Una pareja que deseaba tener un hijo rezaba a Juno, la diosa de la fertilidad; un agricultor rezaba a Ceres, la diosa de la agricultura, para obtener un año de abundantes cosechas. Cada dios o diosa tenía su propósito. Se construían templos en nombre de cada uno de los dioses. No se escatimaban gastos en la creación de los templos, especialmente los de las 12 deidades principales del panteón. Se completaban con sacerdotes que atendían el templo del dios, como Júpiter o Minerva. Los sacerdotes interpretaban los signos y presagios que creían enviados por los dioses y ayudaban a quienes necesitaban consejo.

Para reforzar aún más su conexión con los dioses, los romanos tenían muchas celebraciones y rituales a lo largo del año. Una de las tradiciones más populares que se celebra hasta hoy se llamaba *Saturnalia* y cae el 17 de diciembre para celebrar el solsticio de invierno. Con cada nueva implantación de gobiernos, como la República, el Imperio Augusto y el reinado de Calígula, la celebración, que antes era de un solo día, se amplió hasta convertirse en una fiesta de alegría y eventuales aspavientos. También se rendía homenaje al dios de la agricultura, Saturno. Los sacrificios de cerdos en el Templo de Saturno daban comienzo a las festividades la noche anterior a la fiesta y se servían al día siguiente mientras todos festejaban. Se consumían grandes cantidades de vino, las leyes sobre el juego eran laxas y los esclavos eran liberados de sus obligaciones para la celebración. Los árboles con hojas aún verdes decoraban la ciudad, que por la noche se completaba con farolillos encendidos y velas. Como era tradición, amigos, familiares y conocidos hacían y recibían pequeños regalos.

Aunque Saturnalia era solo uno de los muchos festivales de la Antigua Roma, era un recordatorio del poder que poseían los dioses. La presencia de los dioses se sentía constantemente en la vida cotidiana, desde las oraciones, pasando por las ofrendas en el templo, hasta los momentos de júbilo por las numerosas celebraciones y fiestas. La mayoría de los dioses eran celebrados, e incluso algunos eran temidos para disuadir de cualquier mal principio moral. Sin embargo, los principales dioses del panteón reinaban supremos.

Capítulo 1: Los 12 Dioses y Diosas Principales

Los principales dioses y diosas del panteón romano gobernaban el mundo y ejercían su autoridad en la vida de los romanos. Estos dioses y diosas reinaban supremos y eran los más venerados entre las deidades. También son los más conocidos a lo largo de la historia.

Apolo: Dios del Sol

Apolo, aunque era conocido como el dios del sol, también era designado como el dios de la música, la curación, la agricultura y la profecía. Muchas historias giraban en torno a su ferocidad y dulzura. Como uno de los (muchos) hijos de Júpiter y madre de origen mortal, junto con su hermana gemela, Diana, las complejidades de su personalidad no eran sorprendentes. Se dice que algunos de los otros dioses temían sus ataques de ira. El nombre de Apolo es el mismo en la mitología griega y en la romana, el único dios principal que tiene esta distinción.

Ceres: Diosa de la Agricultura

Ceres era la diosa de la agricultura, la fertilidad y la cosecha, y era la matriarca de la familia. En su generosidad, concedía el don de la agricultura a los campesinos, que aprendían así a alimentar a sus familias y, por tanto, a hacer crecer la comunidad. El humor de Ceres cambiaba en otoño e invierno, cuando su hija Proserpina, engendrada por Júpiter, vivía en el Inframundo con Plutón, lo que provocaba que las cosechas se marchitaran y murieran. En primavera y verano, se alegra del regreso de su hija con la llegada de nuevos brotes. Los lazos familiares son importantes para Ceres. Como una de las hermanas de Júpiter, la familia está arraigada en ella.

Diana: Diosa de la Caza

En contraste con Apolo, su gemela Diana es una diosa reservada y privada. Es la diosa de la caza, la luna, la naturaleza y la fertilidad, pero sobre todo del parto. Protegía a las mujeres durante el parto y proporcionaba abundante caza nocturna a los cazadores. Su posesión más notable es su carro, que arrastraba la luna y la oscuridad por el cielo. El estado de ánimo de Diana influía en el tamaño de la luna: Cuanto más pequeña era la luna, más perezosa y de mal humor se sentía.

Juno: Reina de los Dioses y Diosa de la Fertilidad

Juno, cuyo nombre está grabado para siempre en el calendario como junio, era la reina de los dioses. Estaba casada con su hermano Júpiter y era la madre de Vulcano, Marte, Juventas y

Bellona. También era conocida como la diosa patrona de Roma. Como miembro de la Tríada Capitolina, los tres dioses de mayor rango en la religión, reinaba sobre la fertilidad, el matrimonio y las mujeres en general. Era la protectora de las mujeres casadas y de Roma; sin embargo, era una diosa notoriamente celosa y vengativa debido a las numerosas aventuras e hijos ilegítimos de Júpiter.

Júpiter: Rey de los Dioses y Dios del Cielo

Como rey de todas las deidades, Júpiter reinaba sobre el cielo, el rayo y el trueno con un rayo en la mano. No solo era el dios del cielo, sino que también supervisaba a los romanos y protegía el estado y todas las leyes que se aplicaban a través del estado. Era el menor de seis hermanos y lideró la revolución para liberar a los dioses del liderazgo tiránico de su padre, Saturno. Él y sus dos hermanos se repartieron los reinos: Júpiter gobernaba los cielos y se autoproclamó rey, Neptuno gobernaba el mar y Plutón gobernaba el Inframundo. Júpiter también tenía tres hermanas: Juno, con quien se casó más tarde, Ceres y Vesta. Aunque era muy querido por los romanos, su afinidad con las mujeres mortales y otras diosas a menudo provocaba la ira y los celos de Juno hacia él y los hijos que engendraba. Algunos de sus hijos más conocidos son Hércules, Minerva, Proserpina, Baco, Apolo, Diana, Vulcano en algunos mitos, Juventas, Bellona, Marte y Helena de Troya. Júpiter, junto con Juno y Minerva, también forman parte de la Tríada Capitolina.

Marte: Dios de la Guerra

Marte es el dios de la guerra, la agricultura y el poder militar como medio para la paz. Su sed de sangre protegía las fronteras de estados y ciudades y sofocaba cualquier escaramuza a medida que el Imperio Romano se expandía. Juno y Júpiter fueron sus padres, y por ello brilló su compleja personalidad. Marte engendró a Rómulo y Remo, los fundadores de la ciudad de Roma, junto con Venus y otros dos hijos.

Mercurio: Mensajero de los Dioses y Dios de las Finanzas

Como mensajero de los dioses, Mercurio tenía muchas funciones que desempeñar. Conocido por su lealtad, confianza y sandalias aladas, era el más rápido y astuto de los dioses principales. Era el dios de las finanzas, el engaño, el robo, el comercio, la comunicación y los viajes. Era el protector de todo lo financiero: tenderos, mercaderes y ladrones. El mensajero de los dioses escoltaba las almas de los muertos hasta el río Estigia, donde eran transportadas al Inframundo.

Minerva: Diosa de la Sabiduría

Minerva, la diosa de la sabiduría, la artesanía, el comercio y la estrategia, es una de las más poderosas de todos los dioses. Se creía que Minerva era la favorita de los hijos de Júpiter, ya que éste le otorgó el puesto restante en la Tríada Capitolina. Era una de las más veneradas tanto por los dioses como por los mortales.

Neptuno: Dios del Mar

Neptuno, la versión de Aquaman en la Antigua Roma, era el dios del agua dulce y salada. Su ira era temida, ya que provocaba fuertes tormentas con aguas agitadas en su furia. Era un famoso ecuestre y protegía a los caballos y supervisaba las carreras de caballos y cuadrigas con Minerva. Entre sus cinco hermanos se encontraban sus hermanos Júpiter y Plutón y sus hermanas Juno, Ceres y Vesta.

Venus: Diosa del Amor

Si hablamos de la diosa del amor por excelencia, Venus lo era. Sus otros epítetos incluían la fertilidad, el sexo, la belleza y el placer. Era hija de Júpiter y estaba casada con Vulcano, el dios de la forja. Su famosa relación amorosa con Marte fue codiciada por muchos romanos por la pasión y el amor que sentían el uno por el otro. Tuvo cuatro hijos con Marte, entre ellos Rómulo y Remo, pero su línea es anterior a la de su hijo Eneas.

Vesta: Diosa del Hogar

Raramente representada en su forma de diosa, es la diosa que se ilustra simbólicamente como una llama. Era la diosa del hogar. Protegía al pueblo romano y era la hermana de Júpiter. Toda una secta recibió su nombre, las Vírgenes Vestales. Dedicaban 30 años de su vida al servicio de su templo sagrado y a cuidar la llama eterna que se entregaba al emperador romano. Esta llama debía proteger a Roma de cualquier daño y, si se extinguía, se creía que Roma caería. El templo de Vesta era exclusivo; solo las sacerdotisas tenían acceso para rezar y cuidar la llama.

Vulcano: Dios de la Forja

El otro dios principal es Vulcano, el dios de la forja, que incluye tanto la artesanía como la herrería, el armamento, los volcanes y el fuego. Uno de los hijos de Júpiter y Juno, a menudo empuñaba un martillo para fabricar las mejores armas y guiar a los herreros en la forja. Vulcano era también el esposo de Venus.

Capítulo 2: Personajes y Criaturas

No solo había doce dioses principales, sino que los romanos adoraban a una plétora de dioses y diosas adicionales. Aunque muchos coincidían en su utilidad, las deidades supervisaban todos los aspectos de la vida de los romanos. Antes de la introducción del cristianismo y, por tanto, de la Iglesia católica, los romanos creían en dioses menores, semidioses y criaturas horribles que utilizaban como medio para enseñar moral y virtudes, y también para asustar a los niños y hacer que se portaran bien.

A continuación se presentan algunos ejemplos de dioses menores, semidioses, héroes y algunas criaturas del panteón romano.

Dioses Menores

Muchos de los dioses menores tenían un pequeño nivel de autoridad en la vida de los romanos. Algunos de los dioses fueron tomados prestados de los griegos, pero hay algunos dioses menores estrictamente romanos. Estas deidades se especializaban en un pequeño conjunto de habilidades, mientras que los dioses principales supervisaban a los romanos en su conjunto. A continuación, algunos ejemplos.

Jano: Dios de las Puertas y las Transiciones

Jano, el dios de las dos caras, tenía el poder de ver el futuro y el pasado. Estaba representado en un arco situado en el exterior del Circo Massimo. Como dios de las dos caras, representaba los portales, las transiciones, las puertas, el tiempo, la dualidad, los comienzos y los finales, y los pasajes. Fue uno de los primeros dioses venerados antes de la influencia griega y siguió siendo uno de los pocos dioses estrictamente romanos. El mes de enero recibe su nombre en su honor, ya que marca el final de un año y el comienzo de otro nuevo. Las puertas de su templo representaban tiempos de guerra y paz. Si las puertas estaban abiertas, la paz reinaba en Roma. Si la puerta estaba cerrada, Roma entraba en un mundo de guerra.

Nox: Diosa de la Noche

Nox surgió del Caos, su progenitor, y fue uno de los seres más antiguos. Fue la diosa original de la noche y se casó con el dios de la oscuridad, Erebus. Normalmente se la representaba como una diosa en un carro envuelta en niebla oscura o negra. Nox era la única responsable de conjurar a las Parcas, el Sueño, el Dolor, la Lucha y la Muerte, entre otros espíritus oscuros.

Proserpina: Diosa de la Fertilidad

Proserpina, hija de Ceres y Júpiter, y esposa del rey del Inframundo, Plutón, era la diosa del vino, la agricultura y la fertilidad. Aunque se la conocía sobre todo por haber sido raptada por Plutón, era una diosa que velaba por los romanos en tiempos de cosecha y cultivo. Hablaremos más sobre Proserpina en el capítulo 7: La razón del cambio de las estaciones.

Plutón: Dios del Inframundo

Plutón era hermano de Júpiter y Neptuno, y fue elegido rey de los infiernos. Su reina, Proserpina, gobernaba con él durante la mitad del año. Es el dios de la muerte y la riqueza, con afinidad por los diamantes, el mineral más rico conocido tanto por los dioses como por los humanos. En cierto modo, también era el dios de la agricultura, ya que gobernaba la tierra en las profundidades, vigilando el crecimiento de las semillas. En contraste con la representación griega del dios Hades, los romanos lo celebraban tanto como un maravilloso esposo de Proserpina como un firme gobernante.

Saturno: Dios del Tiempo

Saturno era el padre de seis hijos: Júpiter, Plutón, Ceres, Juno, Neptuno y Vestas, y fue derrocado por ellos en una revuelta liderada por Júpiter. Aunque era principalmente el dios del tiempo, supervisaba la riqueza, la generación, la agricultura y la liberación periódica. En su nombre se celebraba una fiesta llamada Saturnalia, que duraba de uno a cinco días, el 17 de diciembre. Se creía que durante la época en que gobernaba Saturno, los romanos disfrutaban de un estilo de vida abundante sin apenas trabajo.

Semidioses y Héroes

Los semidioses y héroes formaban una categoría aparte. Todos los semidioses y héroes mencionados tenían profundas raíces en la mitología romana y en la fundación de Roma. Eran conocidos por luchar contra criaturas en juicios e incluso por celebrar fiestas. Los semidioses y héroes recordaban a los romanos que debían ser resistentes en sus pruebas y tribulaciones, especialmente cuando se trataba de sus destinos. A continuación encontrarás más información sobre algunos de los semidioses y héroes más famosos: Eneas, Baco, Hércules, Remo y Rómulo.

Eneas

Aunque la historia de Eneas se tratará con más detalle en el siguiente capítulo, se le conoce principalmente como el padre y fundador de la región del Lacio, fundada mientras huía de los griegos en Troya. Como hijo suyo, Venus a menudo le ayudó y reclutó ayuda para sus búsquedas. Viajó durante seis largos años para descubrir una nueva civilización para su pueblo, llamada las Enéadas. Su linaje fue responsable de la fundación de Roma: Rómulo y Remo.

Rómulo y Remo

Rómulo, junto con su hermano gemelo Rómulo, formaba parte de la larga estirpe de fundadores de Roma. Él y Rómulo tienen muchos mitos ligados a su nombre, incluido su linaje. Se cree que su madre, Rea, descendía de Eneas y que su padre era Marte, el dios de la guerra. Durante su reinado, Remo murió en una disputa con su hermano sobre dónde fundar una nueva ciudad. Rómulo continuó gobernando la ciudad bautizada como Roma en su honor, y siguió gobernando como rey de los romanos hasta su muerte.

Baco

Baco era el dios romano del vino, pero también estaba relacionado con la agricultura y la fertilidad. Se dice que enseñó a los romanos a elaborar vino mediante la fermentación de la uva. Aunque seguía siendo considerado un dios, su padre era Júpiter y su madre una mortal. Júpiter era famoso por sus aventuras con mujeres mortales y dioses por igual. En el caso de Baco, sin embargo, fue el primero en gobernar con su padre en el cielo. Llevaba una copa de vino a todas partes y era el rostro de la embriaguez pública.

Hércules

Gracias a la película de Disney, Hércules, este semidiós es famoso por sus trabajos y sus muchos encuentros con Plutón. De padre Júpiter y madre mortal, los principales atributos de Hércules eran su fuerza física inhumana, su valor inconmensurable y su ingenio. Con sus doce trabajos, consiguió que el mundo fuera más seguro para los mortales. A su muerte, decidió ascender para gobernar con su padre como dios de los héroes.

Criaturas y Monstruos

Las criaturas y monstruos de la mitología romana son una de las muchas inspiraciones para las representaciones de criaturas en las películas, programas de televisión y libros actuales. Numerosos artistas se han inspirado en ellos para contar sus propias historias de héroes y aventuras.

Caco

Caco era hijo de Vulcano y vivía en una cueva en el futuro emplazamiento de Roma, cerca del Palatino. Era un gigante que escupía fuego y se alimentaba de carne humana, por lo que aterrorizaba a los pueblos de los alrededores. Para echar sal en la herida de la carne humana, clavaba las cabezas de sus víctimas en la puerta de entrada de su cueva. Más tarde, Hércules se deshizo de Caco.

Cíclope

En la mitología romana, el cíclope era un gigante con un singular ojo saltón situado en el centro de la frente. Aunque existen varios mitos en torno a los cíclopes, el mito romano describe cómo el hermano de los cíclopes, Saturno, los arrojó al Inframundo. Cuando Júpiter planeó derrocar a su padre, los liberó de su prisión infernal. Como recompensa, los cíclopes dieron a Júpiter su famoso rayo y también el don del trueno. Con Vulcano forjaron las armas de los dioses.

Fauno

Más conocidos como sátiros, los faunos eran criaturas del bosque que solían acompañar a Baco, el dios del vino. Normalmente representados con una flauta, trotaban por el bosque sin preocuparse por nada. Estas criaturas eran quimeras, es decir, criaturas con cualidades de más de un animal. En el caso de los faunos, son mitad humanos y mitad cabra. Las partes humanas de los faunos eran sus torsos, extremidades superiores y rostros jóvenes. Tenían la cabeza cubierta de suave pelo rizado y orejas puntiagudas. Las partes caprinas incluían patas de cabra con pezuñas, cola y cuernos en la cabeza.

Hidra

Hércules también mató a esta criatura durante sus doce trabajos. La hidra, famosa sobre todo por sus numerosas cabezas y su capacidad de regenerarlas, era elegante y tenía el enorme cuerpo de una serpiente. Vigilaba la entrada del Inframundo y tenía su guarida en el lago de Lerna. Todo en la hidra era veneno. Desde su olor hasta su aliento, pasando por su sangre, la hidra mataba a cualquiera que tropezara con su guarida.

Capítulo 3: Antes de la Fundación de Roma

Equō nē crēdite, Teucrī! Quidquid id est, timeō Danaōs et dōna ferentēs. "¡No os fiéis del caballo, troyanos! Sea lo que sea, tened cuidado con los griegos que traen regalos". La famosa cita de Virgilio del poema épico La Eneida abarcaba la historia de Eneas huyendo de Troya. Aunque los mitos y leyendas se transmitieron de generación en generación tanto a griegos como a romanos, los mitos de este capítulo se refieren estrictamente a la fundación de Roma.

El Mito de Jano

Al principio, cientos de años antes de Eneas, Rómulo y Remo, un gobernante llamado Jano reinaba sobre la tierra del Lacio. Un gobernante sabio, Jano, los condujo a través de muchos años de paz y prosperidad en la tierra. Sus leyes eran justas y equitativas. Vivía en la colina Janículo, una de las siete colinas que con el tiempo se convertirían en Roma.

Jano: el Hombre convertido en Dios

Saturno, dios de la agricultura y del tiempo, había sido derrocado recientemente por sus hijos, liderados por Júpiter.

Desanimado, se encontró con Jano en la colina a las afueras de su casa. Jano se sorprendió del estado de Saturno y, al contemplar al dios solitario, sintió una punzada de compasión.

Saturno le contó la historia del motín de sus hijos. Estaba desconsolado. No solo había perdido su reino, sino también el respeto que sus hijos le habían profesado. El relato del dios conmovió a Jano; su voz se quebró y se tensó al hablar.

Jano quiso consolar al afligido Saturno, pero el dios estaba inconsolable. No había nada que pudiera decir, pero pronto se dio cuenta de que podía ofrecer algo: compartir juntos el gobierno del reino. Aunque Jano sabía que eso no le devolvería el respeto de sus hijos ni la pérdida de todo un reino, era lo menos que podía hacer.

Saturno escuchó la proposición, la consideró y luego la aceptó. En su gratitud, ofreció su propia recompensa: Jano se convertiría en un dios. Jano aceptó el regalo. Ahora inmortal, su especialidad era ver tanto el pasado como el futuro. Saturno inauguró entonces una Era Dorada con muchos años de paz y prosperidad.

Conclusión

El mito de Jano representaba a un dios con raíces directamente vinculadas a la tierra, lo que condujo directamente a los futuros mitos y leyendas de la fundación de Roma. El dios Saturno recompensó la generosidad de Jano convirtiéndolo en deidad y solidificando la conexión de la región con los dioses. Al cimentar a sus dioses en los cimientos de la fundación de Roma, los romanos establecieron una fuerte conexión con la propia tierra.

Cassandra: "La Vidente a la que Nadie Creyó

El mito de Casandra y Apolo está ambientado en Grecia y presenta los temas del amor y la traición. Es un relato clásico y fascinante de un amor no correspondido, que termina con la premonición de la caída de Troya y, por tanto, la posterior fundación de Roma. En la actualidad existen varias versiones del mito.

Casandra y Apolo: Un Rechazo y una Maldición

Casandra era la hermosa hija del rey Príamo de Troya. Tenía tres hermanos: Heleno, su gemelo, Héctor, el héroe de Troya, y Paris, que desencadenó la guerra de Troya al tomar como esposa a Helena (más tarde conocida como Helena de Troya) de Esparta. Su familia, al ser la causa directa de la guerra, era infame.

Estaba sentada sola al aire libre en Troya cuando Apolo se detuvo a admirarla. Se enamoró instantáneamente de ella por su belleza, como su padre Júpiter había hecho en numerosas ocasiones con múltiples mujeres, tanto diosas como mortales. La sedujo con la promesa del don de la previsión y la profecía. A cambio, quería favores y su lealtad.

Aunque el motivo de su rechazo al dios era incierto, el rechazo estaba claro: ella no lo quería. Algunas versiones de este mito sugieren que Casandra utilizó a Apolo para obtener el poder de la profecía, y luego vio el futuro y la implicación de Apolo en la caída de Troya y lo rechazó por ello. Otros mitos afirman que las repetidas insinuaciones de Apolo y su ferocidad fueron demasiado para ella.

El rechazo enfureció a Apolo: después de todo, él le había dado el poder de la previsión. Dado que el don se le había concedido gratuitamente, no podía retirárselo. En lugar de eso, la maldijo. A partir de ese momento, por muy precisa que fuera la profecía, nadie la creería.

Cassandra, La Lunática

La vida de Casandra estuvo marcada por la desesperación. A menudo advertía a sus hermanos de las profecías sobre su desaparición y la caída de Troya, e incluso les rogaba que no se marcharan, pero ellos se negaban a reconocerla. Paris trajo a Helena de Esparta en contra de sus advertencias. También advirtió a Héctor de su muerte inminente. A pesar de su desconfianza, sus profecías se cumplieron.

Tachada de lunática y loca que decía tonterías, su padre la escondió en una ciudadela. Era una vergüenza para él y, por lo tanto, nunca pudo poner un pie fuera de la ciudadela. Estaba vigilada día y noche, y su padre nunca le permitía salir.

Pasaron los años mientras la Guerra de Troya seguía, con cada profecía de ella repetidamente ignorada. El infame Caballo de Troya, un supuesto regalo de los griegos, fue uno de sus mayores fracasos a la hora de mantener a salvo a su pueblo. Su famosa frase sobre los griegos dentro de su caballo está inmortalizada en el poema épico de Virgilio *La Eneida:*

"¡Cuidado con los griegos que traen regalos!". En un vano intento de detener a los griegos, cogió una antorcha y marchó hacia el caballo, dispuesta a verlo arder en llamas. Varios guardias la atraparon y le quitaron la antorcha de las manos, reprendiéndola por quemar el regalo. Pronto vería cómo la ciudad que tanto amaba quedaba devastada. La caída de Troya era inminente.

Las Secuelas de Troya

Tras la caída de Troya, Casandra se refugió en el templo de Minerva, donde un soldado griego, Áyax, la encontró y la secuestró. Gracias a la intervención divina de Minerva y Neptuno, Áyax se ahogó en las profundidades del mar. Sin embargo, sus problemas no habían terminado.

Se vio obligada a ser la concubina del rey de Micenas, Agamenón, que ya tenía esposa en casa. Al llegar a Micenas, profetizó su muerte y la suya propia. Agamenón se negó a creer su profecía. Mientras estaba en la guerra, su esposa y su amante habían planeado matarlo. Enfurecidas aún más porque el rey había tomado a una concubina bajo su protección, la conspiración continuó hasta su llegada. El deseo de la reina se cumplió y la profecía final de Casandra se hizo realidad.

Conclusión

El mito de Casandra y Apolo allanó el camino para los numerosos mitos que rodean los orígenes de Roma. Como nadie creía en sus profecías, la implicación directa e indirecta de ella y Apolo en los acontecimientos que rodearon la guerra de Troya llevó a Eneas a huir de Troya, donde descubrió un nuevo lugar donde crecer y prosperar.

Capítulo 4: Eneas y la Fundación del Lacio

El mito de Eneas comienza realmente con su concepción. Fruto de la unión de Venus, diosa del amor, y Anquises, príncipe de Troya, nació con un difícil destino: Llevar a su pueblo a una nueva tierra. Aunque no conocería su destino hasta décadas después, se le considera uno de los fundadores originales de Roma. Su infancia y primeros años de vida adulta son un misterio, ya que la historia de Eneas narrada por Virgilio no comenzó hasta después de la caída de Troya.

La Caída de Troya

Tras introducir el Caballo de Troya dentro de las murallas de la ciudad, Troya cayó durante la noche. Eneas, junto con Héctor, resistió mientras los griegos penetraban en la ciudad. Él y Héctor aguantaron todo lo que pudieron antes de darse cuenta de que sus intentos eran inútiles. Héctor le habló de una visión en la que su destino no era morir allí luchando contra los griegos, sino fundar otra ciudad fuera de Grecia.

Tras hacer caso a la visión de Héctor, Eneas intentó encontrar a su esposa, pero ésta había desaparecido dentro del caos ardiente de Troya. Agarró a su hijo Ascanio, a su padre y a otros soldados y supervivientes que intentaban huir. Eneas también se llevó con él a algunos de los dioses de Troya, que eran pequeñas estatuas que más tarde serían restablecidas en la nueva ciudad. Luego condujo a lo que quedaba de su familia y al grupo de supervivientes lejos de la destrucción mientras los griegos saqueaban la ciudad. El grupo de supervivientes, llamado las Eneadas, se puso a salvo en los barcos que estaban atracados en el puerto.

Tras escapar, las Enéadas navegaron por el Mediterráneo. El fantasma de su esposa se le apareció, hablándole de su destino, y le dio una dirección y un destino: Dirigirse hacia el oeste y buscar lo que hoy se conoce como el río Tíber. Con este nuevo destino en mente, iniciaron su largo viaje hacia la nueva tierra.

Las Crónicas de Grecia

Primero navegaron hasta Tracia, en Grecia, donde enterró a Polidoro, hijo del rey Príamo. El suelo rezumaba la sangre de la guerra de Troya. Con su último aliento, Polidoro informó a Eneas de que Tracia no era lugar para él y su tripulación. Después de enterrarlo, las Enéadas continuaron su búsqueda.

La siguiente parada fue Delos, todavía en Grecia. Apolo se reunió con Eneas y le aconsejó que siguiera adelante. Delos no era donde yacían sus ancestros. Así que, él y las Eneas zarparon.

Continuaron visitando diversos lugares de Grecia, cada uno menos prometedor que el anterior. Primero, Creta, donde Eneas tuvo una visión de que sus ancestros no estaban presentes. Luego, las islas Estrofadas, donde fueron atacados por arpías. Las Eneas vencieron a las arpías, y la última de ellas le dijo que su destino final era Italia.

En Actium, continuaron con la tradición de los Juegos Troyanos, que supuestamente fue creada por un antepasado de Julio César como forma de exhibir las habilidades de sus soldados y su destreza a caballo. Los juegos fueron una distracción y un bienvenido descanso para las Enéadas. Tras su descanso, navegaron hasta Butrotum y conocieron a la esposa de Héctor, llamada Andrómaca.

Tras navegar varios años, partieron de Ceraunia, en la costa oriental de Italia, cruzaron el Adriático y se dirigieron al oeste, a Sicilia. En Sicilia, vislumbraron por primera vez el monte Etna mientras se alojaban en el puerto de los cíclopes. Allí conocieron a los aquemendios, que cegaron al cíclope, acogiéndolo como miembro de su tripulación. El padre de Eneas murió, lo que les impulsó a abandonar Sicilia en su dolor. Aunque había una ruta más corta, estaba plagada de barcos griegos enemigos. No queriendo enfrentarse a una batalla que no podían ganar, se dirigieron más al sur.

La Interferencia de Juno: Un Naufragio y una Historia de Amor

Juno, que estaba a favor de los griegos, no veía con buenos ojos que Eneas huyera de Troya para fundar una nueva ciudad. En su furia, exigió a Aelous, el dios del viento, que creara una tormenta para impedir que llegaran a su destino final. La tormenta arreció. Aguas traicioneras y olas crecientes casi acaban con el destino de Eneas. Neptuno, dándose cuenta de que la tormenta no era obra suya y conociendo el destino de los Eneas, calmó la tormenta lo suficiente como para concederles paso seguro hasta el siguiente punto: Cartago.

Las Enéadas, exhaustas y náufragas, buscaron refugio en la costa africana de Cartago, la actual Túnez. Hasta entonces, su viaje había culminado en seis años de travesía, desesperados por encontrar su nuevo hogar. La maltrecha tripulación obtuvo refugio mientras se recuperaba.

Fatigados por su traicionero viaje, muchos miembros de la tripulación querían quedarse. Con la ayuda de Juno y de su madre, Venus, Eneas se enamoró de la reina cartaginesa, Dido. Le contó la larga y cansada historia de sus viajes desde Troya y las numerosas paradas en Grecia. Ella, comprensiva, les permitió quedarse hasta que se recuperaran.

Dido era la impresionante reina viuda. Su hermano había asesinado a su marido, Siqueo, dejándola sola para gobernar. Mientras construía las nuevas leyes de su ciudad, se enamoró de Eneas.

Eneas y Dido estaban locamente enamorados. Tras mantener relaciones en una cueva durante un aguacero, ella le propuso matrimonio a Eneas, indicando que su acto de amor lo convertía esencialmente en rey. Eneas, cansado y en busca de un lugar donde establecerse, aceptó la proposición. Vivió con ella durante un año antes de marcharse abruptamente.

El Empujón de Júpiter

Júpiter vigiló siempre a Eneas mientras permaneció en Cartago. Para su desgracia, Eneas se distrajo con la bella reina y la vida que le prometía. Sin embargo, Cartago no era el destino de Eneas. Preocupado, ordenó a Mercurio que recordara al troyano su deber de fundar una nueva civilización. Mercurio accedió y se reunió con Eneas, aconsejándole que continuara su viaje.

Reacio a partir, preparó a sus compañeros para zarpar. Con las prisas, no comunicó a su nueva amada su intención de marcharse; no podía soportar verla disgustada. Siguió adelante, abandonando Cartago y a Dido.

Dido no tardó en enterarse de que él y el resto de las Enéadas se habían marchado sin despedirse definitivamente. Enfurecida y desconsolada, se arrojó sobre una pira funeraria que aún ardía. Mientras moría quemada, maldijo a los troyanos y a su futuro hogar. Se cree que su maldición fue la causa del conflicto entre cartagineses y romanos llamado Guerras Púnicas.

Sicilia Revisitada, Cumas y el Inframundo

Como ya había pasado un año en Cartago, las Enéadas decidieron detenerse en Sicilia en recuerdo de Anquises, el padre de Eneas. Para honrar a su padre, celebraron otra ronda de Juegos Troyanos. Aunque al principio todos parecían divertirse, Juno metió miedo a las mujeres incendiando sus naves. Se hicieron muchos intentos para evitar que las naves ardieran, pero la mayoría de ellas quedaron gravemente dañadas, sin posibilidad de reparación, o se hundieron en el mar. Muchas de las mujeres exigieron quedarse en Sicilia. Para desmoralizar aún más a Eneas, muchas otras decidieron que también querían quedarse en Sicilia. Los pocos Eneas que quedaban siguieron a la deriva hasta su siguiente parada: Cumas.

Cumae estaba situada a unas 12 millas al oeste de la actual Nápoles y era el hogar de la profetisa llamada Sibila. Decrépita por la vejez, tenía unos setecientos años. Previó su llegada y le recibió en el templo de Apolo antes de concederle el deseo de volver a ver a su padre. A Eneas se le encomendaron dos difíciles tareas: traer una rama de oro como regalo a Proserpina y enterrar a un músico llamado Miseno. Eneas enterró al músico mientras agarraba dos ramas de oro. Eneas y Sibila entraron entonces en el Inframundo.

Al entrar en el Inframundo, él y Sibila cruzaron el río Estigia en el transbordador conocido como Caronte. Sibila le dio una torta drogada a Cerbero, la bestia loba de tres cabezas y guardián del Inframundo. Sibila le mostró las profundidades del Tártaro, el Infierno de los antiguos romanos, donde vio a hombres siendo torturados y oyó sus gritos de agonía.

Eneas colocó la rama de oro frente al trono de Plutón, lo que le permitió acceder al Elíseo, el equivalente romano del Cielo. En el Elíseo, Eneas vio por fin a su padre e intentó abrazarlo. Sin embargo, el espíritu de su padre se alejó del abrazo. Anquises, sin embargo, habló con Eneas, recordándole su destino. Indicando a Eneas que bebiera del río del olvido llamado Leteo, Anquises le mostró la promesa de sus descendientes de la nueva ciudad. Se le mostraron los rostros de Rómulo, Julio César, el emperador Augusto y muchos otros. Regocijado, abandonó el reino del Inframundo y ascendió a la Tierra.

La Guerra por el Lacio

Finalmente, casi diez años después del saqueo de Troya, Eneas y sus hombres llegaron al río Tíber. Al principio se alegraron al ver su futuro hogar, pero no se dieron cuenta de que su llegada sería la causa de otra guerra, esta vez por quién se casaría con la hija del rey Lacio.

A la llegada de las Enéadas, éstas y Turno, un líder rival de los rútulos, se enzarzaron en una guerra. Se profetizó que Lavinia, la hija del rey Lacio y su esposa, la reina Amata, se casaría con un hombre extranjero de ascendencia piadosa. El rey Lacio cumplió la profecía, pero Turno quiso casarse con ella.

El matrimonio de Turno y Lavinia se vio amenazado por la llegada de las Enéadas; muchos italianos, incluida la reina Amata, estaban preocupados. En un principio, el matrimonio con Turno habría unido a los pueblos de Lacio y los Rutilos. La amenaza de otro hombre -un extranjero, nada menos- era impensable. El rey Lacio se mantuvo firme en su creencia en la profecía y ayudó a las Enéadas.

La ayuda del rey Lacio no fue la única que recibió Eneas. Ante el creciente conflicto, Venus suplicó a su esposo Vulcano que fabricara una armadura para su hijo. Vulcano accedió a su petición y Eneas recibió una armadura y un escudo que representaba el futuro de su pueblo.

Juno también interfirió en los corazones y las mentes de los itálicos. Susurró al oído de Turno, prometiéndole la gloria y la mano de Lavinia si ganaba la guerra contra las Enéadas. Él accedió y continuó luchando.

La guerra se recrudeció, causando la muerte de muchos amigos cercanos tanto a Eneas como a Turno. Se acordó una tregua temporal, en la que Eneas y Turno se enfrentaron en combates uno contra uno. Turno acordó que si Eneas ganaba, también ganaría el derecho a casarse con Lavinia.

Eneas y Turno entraron en combate. La lucha fue sucia y sangrienta, y todo estaba perdido para Eneas. Turno se regodeaba en la gloria de que estaba a punto de poner fin a la profecía y casarse con la princesa. Eneas, sin embargo, no fue derrotado tan fácilmente. Al ver la espada de un camarada caído en esta guerra, la ira se apoderó de él. Inmovilizó a Turno y lo mató.

La Profecía Cumplida

Con la muerte de Turno, Eneas quedó libre para casarse con Lavinia. El reino entró en una era de paz y prosperidad bajo el reinado de Eneas. Júpiter acabó convenciendo a Juno para que pusiera fin a su guerra con Eneas. Sabiendo que había perdido, cesó su constante belicismo contra él.

El famoso poema de Virgilio termina con la muerte de Turno, y no se sabe mucho más sobre la muerte de Eneas. Algunos relatos del mito describen a Eneas muriendo a causa de las heridas de su última batalla, mientras que otros lo imaginan viviendo una vida larga y plena tras el matrimonio con Lavinia.

Conclusión

Este mito del origen de la tierra de Roma sentó las bases para los mitos de Rómulo y Remo, a quienes se cree fundadores de la gran ciudad. Este relato épico abarcó doce libros de La Eneida de Virgilio, mostrando la resistencia de un hombre singular y su tenacidad para asentar a su pueblo. Aunque contaba con la ayuda de muchas divinidades, fue retratado como un gran soldado y un líder fuerte, el epítome de la vida como ciudadano romano. Con Eneas y su ascendencia, el mito demostraba que la propia tierra tenía sus raíces en el panteón romano de los dioses.

Capítulo 5: Roma: El homónimo de Rómulo

De todas las historias romanas, el mito de Rómulo y Remo es la más famosa. La historia presenta la antigua civilización y la ciudad de Roma, bautizada con el nombre de Rómulo. Con esta nueva ciudad nació un vasto imperio que duró más de mil años. La ciudad de Roma es actualmente uno de los lugares más visitados del mundo por su riqueza cultural y la cantidad de historia que abarca a lo largo de milenios.

Grietas en los Cimientos

Para comprender la leyenda de los gemelos, es necesario hacer un viaje al pasado. Tras la muerte de Eneas, su hijo Ascanio fundó una ciudad en Alba Longa. Esta ciudad se encontraba al sureste de la futura ciudad de Roma. Allí, sus descendientes subieron y bajaron a medida que la ciudad crecía.

Fue alrededor del siglo VIII a.C. cuando las grietas de los cimientos se ampliaron hasta convertirse en abismos. Su rey, Numitor, estaba en el poder cuando su hermano Amulio tramó un golpe contra él, haciéndose con el control de Alba Longa.

El reino se sumió en el caos. Tras hacerse con el poder, Amulio mató al único hijo de Numitor y envió a su hija, Rea Silvia, a convertirse en sacerdotisa de Vesta, la diosa del hogar. Con ello pretendía evitar cualquier represalia y venganza por parte de la familia en el futuro. Como sacerdotisa, Rea Silva debía permanecer virgen durante al menos 30 años. El hecho de que no fuera a tener hijos le dio esperanzas sobre el futuro de gobernar el reino.

El Nacimiento de los Gemelos

Como ocurre con la mayoría de los mitos, existen diversos detalles sobre la concepción de Rómulo y Remo. Algunas fuentes afirman que Rea fue violada por el dios romano Marte en el bosque sagrado detrás del templo de Vesta; otras afirman que fue un encuentro consentido en una arboleda sagrada dedicada al dios romano. Otros afirman que fue fecundada por un desconocido y que, por tanto, los gemelos no son de linaje divino. Para simplificar, este libro tratará la historia de la violación de Rea.

El dios romano de la guerra, Marte, vio a Rea Silva en el bosque sagrado detrás del templo. Estaba cumpliendo con su deber sagrado de mantener el fuego eterno de Vesta cuando el dios tropezó con ella. Seducido por su belleza y su tranquilidad, la violó y la dejó embarazada. Más tarde dio a luz a sus hijos gemelos, Rómulo y Remo.

El rey Amulio se enteró de la violación y del nacimiento de los niños. Enfurecido y aterrorizado por las consecuencias, ordenó que los arrojaran al río Tíber. Los niños fueron arrancados de los brazos de su madre por guardias que seguían órdenes directas del rey y la encarcelaron por su indiscreción. Luego se los confiaron a un criado para que los arrojara al río.

El criado se compadeció de los niños y los colocó en una cesta en la orilla del río, con la esperanza de que alguien los encontrara y se salvaran. Debido a las lluvias torrenciales y a la crecida, los niños fueron arrastrados en la cesta. El dios del río, Tiberio, los rescató y les permitió llegar sanos y salvos a la orilla.

Lupa y Fausto

Una loba solitaria llamada Lupa, que se creía que era Marte disfrazado, llevó a los niños llorosos a su cueva, donde mamaron de su teta. Protegió y alimentó a los gemelos hasta la siguiente parada de su saga. La famosa estatua de bronce de los gemelos mamando de su teta se conserva hoy en el Museo Capitolino, un importante símbolo del nacimiento de Roma. También es interesante señalar que la palabra latina lupa significa "prostituta". Algunas fuentes, aunque el mito de una loba real es más convincente, creen que la lupa era una prostituta solitaria.

Faustulus, un pastor local que cuidaba el rebaño de Amulius, caminaba por el bosque cuando oyó los llantos de unos niños. Los llantos le condujeron a una cueva de la guarida de la loba, donde encontró a los gemelos llorando de hambre. Faustulus se compadeció de los niños y los llevó a casa de su esposa, Acca Larentia. El pastor y su esposa criaron a los hijos como si fueran suyos, ignorando su linaje y su derecho al trono.

Los niños se criaron como granjeros y ayudaron al hombre al que suponían su padre a cultivar la tierra y cuidar de los animales de la granja. Cuando los niños se hicieron hombres, se convirtieron en protectores del rebaño, luchando contra depredadores y ladrones por igual. Su valor y ferocidad les granjearon una reputación entre los demás pastores. Eran conocidos por ser líderes de su comunidad con un papel activo en la política. Aunque no eran políticos, a menudo se les veía en acalorados debates entre los partidarios de Amulio y Numitor. Los partidarios eran pastores, al igual que los gemelos, pero sus opiniones políticas provocaron una pelea. La lucha terminó con el encarcelamiento de Remo en Alta Longa, el lugar de su nacimiento.

Tras la captura de Remus, Romulus entró en acción. Lideró una banda de otros pastores para sacar a Remus de la cárcel. Sabía que el rey no favorecería a Remus por hablar en su contra, así que el viaje a Alba Longa era imprescindible.

La Muerte de Amulio, el Fratricidio y el Nacimiento de Roma

A la llegada de Remus a Alba Longa, fue llevado ante Numitor para ser sentenciado. Numitor, sin embargo, reconoció a Remus como su nieto. Cuando Rómulo vino a liberar a Remo, éste informó a su hermano de su sorprendente linaje. Tras conocer su herencia, Rómulo y Remo idearon un plan para deshacerse de su tío abuelo, Amulio. Aunque no se sabe quién asestó el golpe mortal definitivo, lo derrocaron y mataron.

Tras la muerte de Amulio, Rómulo y Remo devolvieron el reino a su legítimo rey, su abuelo Numitor. Numitor, agradecido por la restauración del reino, les ofreció gobernar conjuntamente Alba Longa. Ellos rechazaron la oferta. Partieron hacia donde fueron rescatados por la loba, la criatura que les había dado una nueva vida para fundar una nueva ciudad propia.

Rómulo y Remo, sin embargo, no se ponían de acuerdo sobre la ubicación de la nueva ciudad. Suplicando la ayuda de los dioses, esperaron una señal para decidir el lugar. Rómulo se decantó por la colina del Palatino, cerca de la cueva de la loba, mientras que Remo eligió la colina del Aventino.

Los dioses enviaron dos bandadas de pájaros a cada uno de los hermanos. Remo vio una bandada de seis pájaros en el horizonte y afirmó haberlos visto primero. Rómulo, en cambio, vislumbró una bandada de doce pájaros.

Rómulo creyó que, como había visto el número más alto y como el número doce estaba relacionado con el número de dioses principales del panteón romano, argumentó que la colina del Palatino era la elección correcta. Por su parte, Remo sostenía que, como había visto primero la bandada de seis pájaros, la colina del Aventino era la elección divina.

Rómulo había construido un muro alrededor de su asentamiento a pesar de que nunca se había comprometido del todo a llegar a un acuerdo. En un arrebato de ira, Remus saltó el muro hacia el asentamiento de su hermano. Él y Rómulo se enzarzaron en una batalla. Por accidente o a propósito, Rómulo mató a Remo, cometiendo fratricidio. Era evidente que Rómulo era favorecido por las deidades.

Tras la muerte de Remo, el asentamiento que había construido Rómulo pasó a llamarse Roma en su honor. La fecha de fundación de Roma fue el 21 de abril de 753 a.C., el día en que Rómulo se declaró rey. Fue el primero de los siete reyes de Roma antes del surgimiento del Imperio Romano. Con el nuevo reino, reclutó a algunos de los pastores y los invitó a vivir en Roma con él. Esta invitación provocó otro mito: la violación de las mujeres sabinas.

La Violación de las Mujeres Sabinas

Aunque la idea de fundar un nuevo reino era emocionante, tenía un gran defecto. No había mujeres en el grupo que Rómulo había invitado. Sin mujeres era imposible que el reino tuviera algún tipo de futuro. En un intento de ampliar el acervo genético, la ciudad aceptó refugiados y exiliados de los reinos circundantes. Aunque hubo algunas incorporaciones, no fueron suficientes para mantener la población. En un intento desesperado por resolver el problema, pidió a los reinos vecinos que cedieran a los romanos algunas de sus mujeres para aumentar la población. Ninguno de ellos accedió.

Las peticiones de los romanos llegaron al reino sabino gobernado por el rey Tito Tacio. El rey prohibió entonces a los hombres romanos entrar en sus murallas. A las mujeres se les prohibió tomar la mano de un romano en matrimonio.

Rómulo, sin embargo, urdió un plan. Bajo el pretexto de celebrar los juegos en nombre de Neptuno, Rómulo y sus hombres planearon y organizaron los juegos en Roma, pero tenían un motivo oculto. Rómulo, y el resto del Senado, acordaron invitar no solo a los sabinos, sino también a otras ciudades y reinos vecinos.

El día de los juegos llegó, trayendo a muchos visitantes que deseaban ver el nuevo reino. Comenzaron los juegos. Muchos espectadores de las tierras vecinas se sentaron alrededor y observaron el desarrollo de los juegos. A la señal de su Rómulo, los hombres empezaron a raptar a las mujeres sabinas. Sus tareas también incluían luchar contra los padres y hermanos de las mujeres.

Un total de 30 mujeres fueron sacadas a la fuerza de sus hogares. Se creía que la mayoría eran vírgenes, a excepción de la futura esposa de Rómulo, Hersilia, que ya estaba casada. Bajo la superficie de este secuestro se gestó una guerra.

Con el secuestro de las mujeres, el rey Tito declaró la guerra a los romanos y envió un ejército a las murallas de la ciudad. Con la ayuda de Tarpea, una mujer romana seducida por la riqueza del rey Titus y la promesa de seguridad, abrieron las puertas de Roma. Por desgracia para ella, murió aplastada por los escudos de los sabinos cuando éstos atravesaron las puertas.

La batalla por las mujeres Sabinas siguió. En una súplica desesperada para que cesara el derramamiento de sangre, las mujeres secuestradas aceptaron quedarse en Roma junto con sus familias, pero no debían sufrir daño alguno. El rey Tito aceptó a regañadientes la tregua temporal. Rómulo imploró entonces que las mujeres se casaran con los hombres de Roma.

La audacia del rapto provocó muchas otras guerras entre romanos y sabinos, así como entre otros reinos vecinos que veían la creciente ciudad de Roma como una amenaza. Con el tiempo, estos reinos fueron conquistados y se fusionaron con Roma.

La Muerte de Rómulo

La muerte de Rómulo es el mito final. En sus últimos años, Rómulo había ganado un reino enorme y engendrado a los futuros reyes y otros gobernantes de Roma. Durante una fuerte tormenta, Rómulo desapareció cerca del río Tíber. Se especulaba que Rómulo se había transformado en el dios

Quirino. No se sabe mucho sobre esta deidad, pero se suponía que era similar a Marte.

Conclusión sobre la Fundación de Roma

La fundación de Roma y los mitos que giraban en torno a ella eran ampliamente aceptados, y como tal, los romanos creían que la tierra tenía una profunda conexión con los dioses. Eneas fue el resultado directo de un acoplamiento entre Venus y un hombre mortal; Rómulo y Remo fueron el resultado de un acoplamiento entre Marte y una mujer mortal. La conexión en aquella época era innegable; Roma era la culminación de dos deidades principales del panteón romano. Roma era el lugar donde los dioses habían querido que su pueblo creciera y prosperara en Italia. Debido a que los dioses favorecieron esta ubicación, el pueblo de Roma se expandió a lo largo de milenios y a través de muchas culturas europeas y algunas asiáticas actuales.

Los antiguos romanos ilustraron eficazmente a través del poema épico de Virgilio y las historias de Rómulo y Remo cómo los dioses no solo moldeaban el presente con sus decisiones, sino también el futuro. Venus y Marte fueron los responsables de uno de los mayores imperios jamás vistos. Eran deidades gobernantes de dos fuerzas sólidas, naturales y temibles: el amor y la guerra.

Capítulo 6: Júpiter y la Abeja

Los próximos capítulos tratarán exclusivamente de los dioses del panteón romano y sus historias. Muchos de estos mitos pueden tener homólogos griegos, ya que proceden de la mitología griega y fueron adaptados a los sistemas de creencias y comportamientos de los romanos. Aunque los panteones griego y romano eran en su mayoría idénticos, algunas deidades eran estrictamente romanas. A través de diversos textos antiguos, imágenes e incluso de boca en boca, los mitos han evolucionado y cambiado con el tiempo.

Júpiter y la abeja es uno de los mitos más comunes en torno a Júpiter. Es una historia de venganza y dulzura, que recuerda a quienes escuchan la fábula que deben tener cuidado con lo que desean. El mito explicaba la necesidad de una abeja de tener un aguijón con la promesa de la muerte si lo utilizaba.

La Abeja Reina y su Miel

Una abeja regresaba a su hogar tras la agotadora tarea de recolectar polen. Preparada para una noche de sueño, investigó su colmena como todas las noches anteriores. Nada más entrar en su colmena, supo que algo no iba bien. Cuando inspeccionó más de cerca, vio marcas de garras en el tejido de la colmena. Entonces se dio cuenta de que le habían robado su preciada miel.

Cada vez que producía miel, un mortal o un animal entraba y se la robaba. Se pasaba el día reparando la destrucción dejada por cualquier criatura que decidiera asaltar su hogar ese día.

Esta abejita no era la única que tenía este problema con las criaturas que vagaban por el bosque. Entre los osos y los mortales, no había quien la librara. Ningún zumbido en sus caras les impediría llegar a su colmena y arrancar el dulce néctar de su hogar. Necesitaba algo para defenderse. Tal vez un aguijón en la espalda.

Complacida con la idea, rezaba a menudo por un aguijón, pero ninguno de los dioses respondía nunca. Normalmente estaban demasiado ocupados metiéndose en problemas entre ellos, entrometiéndose con los mortales, o ambas cosas. A los dioses no les importaban sus problemas. Había llegado el momento de llevar sus problemas a ellos.

La Petición

La reina solo sabía dónde presidía Júpiter, así que cogió un poco de su dulce y deliciosa miel y voló en su busca. Cuando encontró a Júpiter en el cielo, zumbó a su alrededor hasta que llamó su atención.

Curioso, le preguntó qué quería. Ella le regaló la miel. Júpiter tomó un poco de miel con el dedo índice y la probó. El dios disfrutó de su dulzura, un regalo inesperado de una fuente inesperada. Sabiendo que se trataba de un trueque, preguntó a la abeja reina qué necesitaba de él.

Temblando de miedo, la reina habló en voz baja pero firme. Le explicó lo cansada que estaba tanto de los animales como de los humanos, que destruían constantemente su colmena en busca de miel. Estaba en un constante estado de reparación y reconstrucción, pero necesitaba cosechar la miel para que crecieran sus propios hijos.

Le pidió a Júpiter un arma.

Él, divertido, consideró concederle su deseo. Al fin y al cabo, la dulzura de la miel siempre atraería a ladrones y destrucciones indeseadas. Pero Júpiter, ávido de más, le pidió más miel porque su sabor era delicioso.

A cambio, la reina pidió, más concretamente, un aguijón.

La Ira de Júpiter

Cuando la abeja reina, aún temblorosa de miedo pero manteniendo la compostura bajo la atenta mirada del dios, pidió un aguijón, el rostro de Júpiter se distorsionó de asombro, incredulidad e ira. La acusó de utilizar el arma para picar a los dioses. Su ira era de temer, y las abejas no eran una excepción.

La abeja estaba muy asustada, pero aún así intentó explicar la necesidad de su protección, explicando que los de su especie no picarían a propósito a nadie ni a nada. Júpiter, sin embargo, no la escuchaba, por lo que zumbó a ciegas en dirección contraria a Júpiter y se topó con Juno, que había estado escuchando todo el tiempo.

Júpiter le dio el resto de su miel a Juno. Ella le miró con expresión interrogante. Su mirada, que antes ardía de curiosidad, se fundió en placer. No esperaba que la miel le supiera tan bien.

Está de acuerdo con Júpiter y la abeja reina: La miel era un regalo que había que proteger. Instó a su marido a que accediera a la petición de la abeja y dotara a todas las abejas de un aguijón. Él se lo concedió con un gesto de la mano. Ahora estaba adornada con el aguijón que tanto necesitaba.

Repercusiones

Antes de que la abeja siguiera su camino, Júpiter dijo que el precio de un aguijón para cada abeja tenía un coste. Si la abeja llegaba a usarlo, perdería su aguijón y moriría. Desanimada, regresó a la Tierra mientras las demás abejas la esperaban ansiosas.

La abeja reina no recibió bien la noticia. Se escondió en su colmena durante dos días, mientras las demás abejas mostraban sus aguijones unas a otras. Sabía que los sonidos de júbilo acabarían en sonido de odio.

A regañadientes, salió de su colmena con la amable ayuda de otra abeja. Les informó de que el don podía ser una maldición. Si usaban sus aguijones, perecerían. La elección era compartir la miel o protegerla picando al agresor y muriendo.

Las abejas le fueron leales y le dieron su apoyo. Sabían que había hecho todo lo que estaba en su mano y que les interesaba.

Una de las abejas dio la esperanzada impresión de que tal vez el acuerdo no duraría y acabaría desvaneciéndose en el olvido.

Por desgracia, las esperanzas de las abejas fueron en vano. Hasta el día de hoy, si una abeja decide usar su aguijón para protegerse, morirá.

Conclusión

Aunque la principal lección de este mito es "cuidado con lo que deseas", también explica la fenomenal capacidad de la abeja para picar a otros y sacrificarse para proteger su colmena. Los romanos utilizaban mitos y leyendas para crear lecciones e historias basadas en sus valores y rasgos. Los romanos podían ser muy implacables y violentos, pero a la vez estaban llenos de amor por su país y lo protegían a toda costa, como la abeja reina de este mito.

Capítulo 7: La Razón de las Estaciones Cambiantes

El mito de Plutón y Proserpina es un relato fascinante sobre el desamor y la furia de una madre, un rapto y un matrimonio no deseado. Como la mayoría de los mitos romanos y griegos, este mito presenta diversas variantes, fruto de las traducciones y la narración oral.

Algunos presentan a Ceres como una madre sobreprotectora, mientras que Plutón y Júpiter se alían para dar libertad a Proserpina. Algunos sugieren que Cupido, el dios del amor, disparó a Plutón con una flecha de punta dorada, haciendo que se enamorara de la primera persona que vio. Sea cual sea el incidente desencadenante del mito, la historia sigue siendo esencialmente la misma.

Ceres y Proserpina

Ceres, la diosa de la agricultura, visitaba a menudo Sicilia con su hija Proserpina. Las dos diosas solían pasear juntas, y las flores crecían y los pájaros cantaban a su paso. Un séquito de doncellas seguía a ambas diosas, riendo y retozando en las exuberantes colinas verdes salpicadas de flores. El pintoresco paisaje era el favorito de la diosa Ceres, pues le permitía evadirse de la realidad, a veces dura, de ser un dios.

Júpiter era el padre de Proserpina, pero ella estaba mucho más unida a su madre. Le encantaba el aroma de las flores y el verdor de las plantas que la rodeaban. Al igual que su madre, Proserpina se sentía como en casa en las arboledas y los campos de flores. Cuidaba las plantas con gran delicadeza y compasión. Ninfas y doncellas bailaban a su alrededor, disfrutando de la naturaleza despreocupada de la tierra.

La Difícil Situación de Plutón, la Solución de Cupido

Plutón estaba desesperado por tener una reina. Tras repetidas pruebas y errores para encontrar una diosa que compartiera el trono con él, había llegado el momento de cambiar de enfoque. Cupido, el dios del amor, simpatizó con el abatido Plutón. Mientras Plutón vagaba por el mundo en su oscuro carruaje tirado por caballos negros como la noche, Cupido le disparó una flecha de oro creada por la propia Venus.

Su corazón se desbordó antinaturalmente de adoración por una mujer desconocida tras oír un zumbido místico en los árboles cercanos. Intrigado, hizo esperar a sus caballos a un lado del camino y entró en el prado. El corazón le estalló en el pecho ante la maravilla que tenía delante. Se quedó entre las sombras y esperó, simplemente observando a su nuevo amor. No pudo evitar pensar que su belleza y juventud insuflarían nueva vida al reino de los muertos.

Proserpina estaba sentada con algunas ninfas en un prado de flores florecidas; las fragancias de orquídeas y claveles permanecían en el aire. Cansada de sus labores de cuidado de la tierra, recogió un montón de flores y tallos de hierba. Tejió una corona de flores para su madre, tarareando una melodía mientras trabajaba.

¡Socorro! ¡Suéltame!

Plutón ya no podía controlar sus impulsos. Desplazó su peso mientras se preparaba para tomarla en sus brazos. Unas ramas crujieron bajo sus pies. La bellísima Proserpina oyó el sutil ruido, pero antes de que pudiera moverse o hablar, estaba en brazos de otro dios. Lo conocía, pero no sabía cómo se llamaba. En cambio, gritó, suplicando que alguien la ayudara.

Las ninfas que la habían rodeado antes permanecieron inmóviles. Sabían quién era. Temerosas de la oscuridad y de su razón para aparecer en el mundo de los vivos, temblaron al verle y contemplaron horrorizadas cómo se llevaba a Proserpina. Tras darse cuenta de su error, salieron tras los inmortales.

El dios la arrojó a su carruaje y espoleó a los caballos. Sus gritos empezaron a llamar la atención de los transeúntes y de las ninfas que le seguían. Para evitar que Ceres le arrebatara su premio, azotó con más fuerza a los caballos.

Finalmente, huyó a la orilla del río Cyane, pero el río conocía las intenciones de Plutón. Se hinchó y arremetió contra el dios y sus caballos, que intentaron en vano cruzar el río. El río era demasiado caudaloso, así que tendría que dar la vuelta. Sabía que Ceres intentaría encontrarlo si se movía en la otra dirección. En una encrucijada, clavó su fiel tridente en el suelo, partiéndolo para dejar paso a su entrada en el Inframundo.

La Dedicación de una Madre

Ceres regresó de sus obligaciones al prado donde a Proserpina le gustaba pasar el tiempo. Una vez le había dicho a Ceres que era su lugar favorito en el mundo; que nada podría compararse a la quietud y la paz del prado.

Cuando Ceres apareció en el prado, dispuesta a llamar a casa a su hija, se quedó mirando el lugar vacío. Proserpina no estaba allí. Gritó el nombre de su hija, pero no obtuvo respuesta. En el lugar donde, sin que ella lo supiera, tuvo lugar el rapto, la única prueba que quedaba eran los pétalos esparcidos por el suelo.

Las flores enraizadas junto a ella empezaron a amarillear y luego se oscurecieron hasta adquirir un color marrón oscuro a medida que las plantas morían. La zona que rodeaba a Ceres empezó a marchitarse. El oscurecimiento de las plantas se extendió a su alrededor como una enfermedad. Los árboles dejaron caer sus hojas como si inclinaran la cabeza y lloraran con Ceres.

Durante varios años, Ceres vagó por la tierra en busca de su hija. Dondequiera que iba, las plantas que la rodeaban sufrían un terrible destino. Los humanos estaban ahora en plena hambruna; muchas personas murieron por falta de alimentos. El Inframundo se ocupaba ahora de recibir a las almas hambrientas en sus respetados reinos.

La Guía de una Ninfa

Ceres había regresado a Sicilia de un nuevo viaje alrededor del mundo. Con el espíritu destrozado, lloró en el último lugar donde había visto a su preciosa hija. Una ninfa llamada Aretusa había visto llorar a la diosa y le explicó que había visto a Proserpina en el Inframundo. No como prisionera, sino sentada en el trono junto a Plutón.

Un rayo de esperanza brilló en Ceres por primera vez en muchos años. Había recorrido la tierra en un vano intento de encontrar una pista que la ayudara en la desaparición de su hija. Ahora que conocía el destino de su hija, había llegado el momento de actuar.

La diosa agradeció a Aretusa su observación y solicitó la ayuda de Júpiter, su hermano y padre de Proserpina. Éste accedió a rescatar a la diosa siempre y cuando no hubiera consumido nada en el Inframundo. Si algún mortal o dios comía algo en el Inframundo, no se le permitía salir. Los dioses estaban a favor de este plan debido a la inmensa hambruna que sufrían los humanos, ya que eso significaba que no podían ofrecer sacrificios adecuados a los dioses.

Proserpina y la Granada

Júpiter envió a Mercurio y Ceres al reino de los muertos con un mensaje que entregar. Los dioses suplicaron que Proserpina regresara al mundo de los muertos con su madre, a donde pertenecía. Plutón respondió que no tenía ninguna intención maliciosa detrás de su secuestro; solo quería amarla y complacerla. A Ceres, sin embargo, no le importaba lo más mínimo. Solo quería recuperar a su hija.

Mercurio informó a Plutón de las exigencias de su regreso; Plutón había jurado que ella no comería nada de su reino. Él, y el resto del panteón romano, conocían las consecuencias de comer del Inframundo.

Durante su estancia en el Inframundo, Proserpina llegó a preocuparse por los espíritus del Elíseo. Ahora tenía un sentido del honor y un propósito, algo de lo que se dio cuenta que carecía de antemano. Echaba de menos a su madre, por supuesto, pero la independencia y la libertad le permitían experimentar más de lo que la vida podía ofrecerle.

Mientras escuchaba el intercambio, arrancó una granada del árbol y le dio un mordisco. La fruta estaba deliciosamente dulce y madura. Su jugo le goteó por la barbilla.

Plutón había venido a buscarla por fin, pero descubrió un mordisco de la granada en su mano. Ceres y Mercurio la siguieron y descubrieron la escena por sí mismos. Plutón echó un vistazo al interior de la granada y descubrió que había seis semillas. Su compromiso fue que durante seis meses del año, uno por cada semilla, ella permanecería en el Inframundo, y durante los otros seis regresaría al Mundo Exterior.

Ceres aceptó las condiciones; solo le preocupaba poder volver a tener a su hija con ella. Cuando abrazó a Proserpina por primera vez en muchos años, los daños en el follaje de la tierra se invirtieron.

El Cambio de las Estaciones

Durante los seis meses que Proserpina estuvo en la Tierra con su madre, llegaron la primavera y el verano. Las flores florecían y los árboles crecían, trayendo consigo la promesa de cosechas para los humanos y los frecuentes sacrificios a los dioses. Una nueva vida se presentaba en la hierba y los árboles; el renacimiento del mundo estaba en camino. El mundo volvía a estar en equilibrio.

Cuando Proserpina regresó al Inframundo, Ceres se sumió en una profunda depresión. Las cosechas se marchitaron y los árboles se despojaron de sus hojas como si lloraran a su lado. Entonces, Ceres vagó por el mundo, esperando el momento de volver a ver a su maravillosa hija.

Conclusión

El principal objetivo del mito era la racionalización de los cambios de estación. Antes de que los humanos comprendieran por qué cambiaban las estaciones, era habitual que se inventaran historias para explicar los fenómenos del universo. El resultado fue que estas historias se convirtieron en mitos generalizados que fueron aceptados por los romanos. Dioses y diosas, creían, vagaban y velaban por ellos.

Capítulo 8: El Mito de Júpiter e Io

El mito de Júpiter e Io es una de las muchas historias en las que Júpiter, rey de los dioses, fue infiel a su esposa Juno. Los celos y engaños de los personajes de los mitos eran algo con lo que los ciudadanos de la Antigua Roma podían identificarse y comprender. Se creía que, aunque los dioses eran inmortales, tenían sus caprichos y defectos, al igual que los humanos. Io, sin embargo, consiguió escapar y vivir una vida plena y feliz, a diferencia de muchas otras que fueron codiciadas por Júpiter.

IO, la Sacerdotisa de Juno

Io era hija de uno de los dioses menores del río, Inaco, y sacerdotisa de Juno. Cumplía fielmente con sus obligaciones cada día, lo que le valía el favor de la diosa. Un día, después de terminar sus tareas diarias, se tomó un descanso junto a uno de los ríos y se tumbó en la orilla. Era un caluroso día de verano y estaba agotada. Disfrutaba del gorgoteo del río y del canto de los pájaros.

Como todas las amantes de Júpiter, Io era hermosa, una de las mujeres más bellas de Roma. No escapó a la mirada de Júpiter, y pronto empezaron a surgir problemas.

Júpiter, la Nube Oscura de la Infidelidad

Júpiter estaba oculto en una nube oscura la primera vez que vio a Io. Mientras se deslizaba sobre el sol, contempló a Io tendida en la orilla del río, reluciente por el sudor del calor del día. Su belleza era inconcebible. Inmediatamente, cayó en la lujuria. Necesitaba hablar con esta diosa mortal.

Se transformó en su forma mortal y entabló conversación con Io. No trató de disimular quién era, sino que inició el intercambio cortejándola e informándole de su nombre.

Io, comprensiblemente, se sintió halagada. No era habitual que un dios hablara directamente con un mortal, y era raro que un dios conversara con una sacerdotisa no asociada a su propio templo. También era el rey de los dioses, por lo que se sorprendió de lo directo que se mostró con ella. Al cabo de un tiempo, ella también quiso estar con el rey.

Acordaron reunirse regularmente. Como la sacerdotisa sabía que iba en contra de los deseos de la diosa a la que servía, tuvo cuidado de no revelar nada. En sus encuentros, Júpiter se disfrazaba de nube negra.

La Sospecha de Juno

Juno no era ajena a los ojos errantes de su marido. Con más aventuras de las que podía contar, sus celos habían alcanzado niveles que a menudo escapaban a su control.

Era consciente de que su marido salía de su palacio a la misma hora todos los días y merodeaba por una zona de Roma cercana a su templo. Cada vez más desconfiada, decidió seguirle un día y pillarle in fraganti.

Júpiter era consciente de los celos de su esposa. Como los encuentros con Io eran cada vez más frecuentes y pasaba más tiempo fuera de casa, se le ocurrió una solución inteligente. Sabía que su mujer intentaría pillarle en el acto. La vigilaba de cerca. Un día, Júpiter vio que su mujer estaba de camino. Con el consentimiento de su amante, convirtió a Io en una vaca blanca que pastaba en la orilla del río. Quería proteger a Io de la ira de Juno.

La nube oscura de Júpiter se cernía sobre la vaca mientras pastaba cuando Juno llegó. Juno, sin embargo, no era tonta. Tras hacer comentarios sobre la belleza y singularidad de la vaca, pidió a Júpiter que se la regalara. Esta vaca estaba sospechosamente bajo el gran cuidado de Júpiter; y ella tenía una corazonada de por qué.

Júpiter sabía que no podía negarse a regalarle la vaca convertida en sacerdotisa. Para ocultar su infidelidad y a su amante, accedió a darle la vaca. Sabiéndose derrotado por ahora y que su secreto seguía a salvo, se marchó y regresó al palacio.

Juno tenía ahora la sartén por el mango. Envió a la vaca con su siempre leal sirviente, Argus, que tenía 100 ojos. Sabía que Argus impediría cualquier intento de fuga. Con Argus vigilando constantemente a la vaca, Juno creyó que el asunto había terminado.

Mercurio y Argos Las Muchas Historias del Aburrimiento

Cuando Júpiter descubrió lo que Juno le había hecho a su amante, se sintió angustiado. Se sentía culpable por haber mantenido a Io en esa forma durante toda la eternidad. Al fin y al cabo, ella no tenía la culpa de haber acudido a ella con promesas que nunca podría cumplir. En su remordimiento, Júpiter pidió ayuda a su hijo Mercurio. Su hijo escuchó su relato y decidió ayudar a su padre a liberar a la sacerdotisa.

Mercurio se acercó a Argos y se sentó con el sirviente. Argus, que no recibía muchas visitas, acogió al dios al principio. Mercurio contó historias de intriga, tratando de mantener la atención de la criatura. Su lengua de plata contaba muchas historias, y se iba por la tangente y despotricaba sobre los asuntos de los dioses y los mortales. Mientras chismorreaba y contaba a Argus historias sin sentido, la criatura se quedó dormida.

Mató a la bestia mientras dormía y liberó a Io, que seguía metamorfoseada en vaca. Ya libre, vagó por el campo, esperando a que Júpiter la devolviera a su anterior forma mortal.

El Voto de Júpiter

Una vez que Juno descubrió la traición de Mercurio y Júpiter, se desató su ira. En su miseria y como castigo, desató un tábano para que picara a la sacerdotisa por el resto de la eternidad. Para honrar a su sirviente caído, fusionó su ave más querida con los muchos ojos de Argus. El animal resultante fue un ave bellamente ornamentada, ahora conocida como pavo real, con su mirada siempre vigilante.

Io huyó de la mosca lo más rápido que pudo, pero el tábano seguía siendo capaz de picarla dolorosamente. Nunca sintió alivio de las picaduras; el tábano siempre la encontraba, por mucho que se escondiera de él.

Júpiter, arrepentido de que Io fuera la castigada en vez de él, hizo un voto a Juno. Si dejaba marchar a la sacerdotisa, él no la perseguiría durante el resto de su vida. Dejaría a Io en paz.

Juno soltó su control sobre el tábano, que dejó en paz a Io y se fue volando. Aliviado de que Juno hubiera cumplido su palabra, liberó a Io de la prisión del cuerpo de una vaca. Al final, Júpiter cumplió su promesa y no volvió a verla.

Io, La Primera Diosa Egipcia

Io agradeció la oportunidad de volver a vivir dentro de su propio cuerpo. Ya no quería estar con Júpiter; él no merecía el coste de su vida ni la ira de su esposa. Recogió sus cosas y abandonó Roma, buscando un nuevo lugar donde establecerse.

La antigua sacerdotisa encontró su nuevo hogar en Egipto. Allí llamó la atención del rey de Egipto y se convirtió en su esposa. Pasó el resto de sus días rodeada de lujos, lejos del caos de Roma. Cuando falleció, ascendió a los cielos y se convirtió en la primera diosa de Egipto.

Conclusión

El final de este mito fue una tranquila resolución con final feliz para la sacerdotisa. A diferencia de la mayoría de las otras amantes de Júpiter, ella se encontró mejor de lo que estaba mientras vivía en Roma. La lección que se desprende de este mito es que no hay que caer de cabeza en la lujuria. Io y Júpiter ilustran la idea de que, si alguien tiene una relación romántica con otra persona, no hay que involucrarse. Alguien saldrá herido. Júpiter puede salirse con la suya con los numerosos amantes de los mitos, pero la realidad es mucho más turbia.

Capítulo 9: Baco y Ariadna

El amor era una de las fuerzas más poderosas del panteón romano. Con Venus como deidad principal y con raíces directamente ligadas a la fundación de Roma, el amor en todas sus formas era un poder que lo abarcaba todo. Roma poseía un pasado violento tanto en su contexto histórico como mitológico, pero los romanos también eran conocidos por su afición al romanticismo.

El mito de Baco y Ariadna está lleno de traición y de la inevitabilidad del amor. El amor surgió de una fuente inesperada, pero el resultado fue una unión eterna.

Baco y los Piratas

Baco era el dios del vino, pero, como todos los dioses, podía transformarse en distintas figuras. Una de sus habilidades era la de hacer crecer vides repletas de uvas y huertos con fruta madura a su antojo.

Baco solía vagar por el mundo bajo distintas formas, y ese día quiso adoptar la de un joven y rico humano para relacionarse con los lugareños. Le encantaba divertirse con los mortales, a menudo ofreciéndoles vino y un rato maravilloso. Esta vez llevaba joyas adornadas con metales preciosos y joyas.

Unos piratas lo habían visto desde lejos y lo habían secuestrado. Lo amordazaron mientras le ataban las manos y los pies. Baco escuchó los planes de esconderlo para pedir rescate mientras lo ataban al mástil de su barco. Mientras se alejaban, Baco empezó a formular su propio plan.

Cuando cayó la noche y las aguas se hicieron más profundas, Baco desencadenó enredaderas desde las profundidades del fondo del océano. Se enredaron en el barco y estrangularon a muchos de los hombres. Baco se transformó en león, arañando y mordiendo a quienes lo habían secuestrado. El resto de los piratas se arrojaron por la borda en un intento de escapar de la destrucción.

Al no quedar nadie en el barco, Baco se dirigió a la isla de Naxos, donde le esperaba su futura amante.

Ariadna y la Traición

Ariadna, hija del rey Minos, fue amante de Teseo, el asesino del Minotauro. Ella le había ayudado, mientras traicionaba a su padre, a seguir su rastro en el Laberinto dándole un ovillo de hilo. Tras matar al Minotauro, navegó hasta la isla de Naxos para celebrar su victoria.

En su prisa por partir hacia la siguiente aventura, había dejado a su amada Ariadna en la isla, donde ella esperaba a menudo junto a la orilla, ansiosa por su regreso. Se debatió si el abandono se debió a un acto de un dios como Minerva o si tuvo dudas de traer a una princesa cretense para convertirla en reina de Atenas. Sus motivos podrían haber sido una combinación de ambos.

Seguramente, se había dado cuenta de que la había abandonado. *Pronto volvería,* pensó. Pasaron meses hasta que se dio cuenta de que no volvería a por ella. Ansiaba salir de la isla y esperó pacientemente su oportunidad de escapar.

La Antigua Bella Durmiente

Cuando desembarcó, Baco hizo atracar el barco en la isla. Mientras vagaba por la isla, ofrecía vino a los lugareños y un grupo de hombres alegres le seguía a todas partes. Había vuelto a transformarse en el joven adinerado de camino a la isla. Él y su banda de reclutas desfilaron por la isla en busca de algo en lo que ocuparse.

Encontró a Ariadna profundamente dormida junto a la orilla, con las olas besando suavemente la tierra a su lado. Llevaba allí tumbada un buen rato; sus ropas estaban sucias como si no se hubiera movido. Baco, como si Cupido le hubiera disparado una flecha, se enamoró de ella al instante. Esperó junto a ella hasta que recobró el conocimiento.

Ariadna se despertó y encontró al dios del vino revoloteando sobre ella. Aturdida, se levantó lentamente con la ayuda de Baco. Le explicó su desamor y la traición de su anterior amor, que la había dejado sola en la isla.

Baco, enfadado con Teseo pero agradecido por haberla dejado, le pidió que se casara con él. Le prometió que nunca la abandonaría como lo había hecho su anterior amor y que le sería fiel y leal.

Ella contempló su atuendo y su belleza sobrenatural. Aceptó casarse con él y Júpiter decidió concederle la inmortalidad. En cuanto a los regalos ofrecidos a la nueva novia y diosa, Venus le había confeccionado una corona para celebrar la ocasión, que luego se convirtió en una constelación llamada Corona.

Ariadna y Baco tuvieron varios hijos juntos, dando así un final feliz a la historia.

Una Oscura Variación

En algunas de las variantes de los mitos, se creía que el propio Baco había sugerido a Teseo que abandonara su amor. Haciendo caso al dios, dejó a Ariadna en la isla.

En su dolor, se ahorcó y fue enviada al Inframundo, donde encontraría su destino en los Campos del Luto. Sin embargo, Baco la rescató de ese destino, la resucitó y se casó con ella.

La Inmortalización de su Amor

Durante el Renacimiento, un pintor llamado Ticio pintó la escena del encuentro entre Baco y Ariadna. En ella, el carro de Baco, tirado por dos guepardos, pedía matrimonio a Ariadna. Cuando ella aceptó, pasó a formar parte de la Constelación del Norte.

Conclusión

Aunque la mayor parte de la mitología y la cultura romanas giraban en torno a la fascinación de la muerte, de vez en cuando se producía una pausa en el caos y surgía una bella historia de amor. En el cuento de Baco y Ariadna, el amor eterno era una cumbre de romanticismo que no solía implicar mucha violencia. Daba la esperanza de encontrar un nuevo amor después de haber sido abandonado, un tema que perdura hasta nuestros días.

Capítulo 10: Plutón y el Río Estigia

Como último capítulo del libro, termina con la explicación de la última etapa de la vida: la muerte. Plutón, el dios de la muerte y rey del reino, desempeñaba un papel importante en los rituales del más allá.

Plutón era un dios menor en el mundo del panteón romano. Los pocos mitos que giraban en torno a él eran escasos. Como Rey del Inframundo, inspiraba el respeto, el temor y la admiración de los romanos.

No se sabe mucho sobre el verdadero origen del mito que giraba en torno al río Estigia. Sin embargo, la fábula de este capítulo está directamente relacionada con las costumbres y procedimientos observados tras la muerte de los ciudadanos de Roma.

Plutón y el Inframundo

Después de que él, Júpiter y Neptuno derrocaran a su padre Saturno, Plutón fue designado para reinar sobre los muertos. Envuelto en la oscuridad del Inframundo, gobernaba con justicia y crueldad. Como todos los dioses del panteón romano, era respetado y temido por las almas mortales sobre las que reinaba. Plutón era el rey de toda la tierra subterránea. Mientras que la mayoría de los demás dioses ocupaban posiciones glamurosas, el señor de los muertos ocupaba una de las más críticas.

Los romanos creían que la vida que llevaban estaba relacionada con el tipo de trato que recibirían en la muerte. Los más honorables recibían la paz; los más horribles, la tortura eterna. El Inframundo tenía al menos cuatro niveles diferentes: El Tártaro, los Campos del Luto, los Prados del Asfódelo y los Campos del Elíseo.

Tártaro

El más conocido de los infiernos, el Tártaro, era una enorme fosa en el Inframundo que albergaba y torturaba a los más despreciables de la vida. Sus castigos se ajustaban a sus crímenes en el mundo de los vivos. Los continuos y espeluznantes gritos de agonía eran una de sus características más notables, aparte de ser la fosa más enorme que existe según las fábulas romanas.

Los Campos del Luto

Los Campos de Luto estaban reservados a los que se consumían en el dolor del amor. Vagaban sin rumbo entre brumas humeantes por los campos. Aquellos cuyo dolor era tan fuerte que nunca podían olvidar la causa de su sufrimiento eterno residían aquí. Por ejemplo, Virgilio situó en este nivel a Dido, la amante de Eneas.

Los Prados del Asfódelo

No se sabía mucho acerca de los prados; se creía que albergaban almas que no habían realizado ni hazañas extraordinarias ni atrocidades. Los prados estaban reservados para aquellos que eran ordinarios y vivían vidas neutras y sin sentido. Las almas se desvanecían o esperaban su regreso para reencarnarse en la Tierra.

Los Campos del Elíseo

Los Campos del Elíseo solo estaban reservados a los mejores entre los mejores. Eran las almas de los mortales excepcionales que se ganaban el derecho a tener una vida libre de achaques y dolores. El padre de Eneas fue depositado aquí por los tres jueces a su llegada al Inframundo.

Caronte y el Río Estigia

Para cruzar el río Estigia, o río de los muertos, había que pagar peaje al morir. Era responsabilidad de los seres queridos del difunto asegurarse de que se pagaba el peaje. En los arreglos y rituales funerarios, se colocaba una moneda de oro bajo la lengua o sobre los párpados cerrados del difunto. Los que no podían pagar el peaje estaban destinados a vagar entre los mundos, sin pertenecer nunca a ninguno de ellos.

Al morir, el alma del mortal era recibida por Mercurio, que la conducía al río Estigia. El barquero, Caronte, les esperaba; pagaban el peaje si podían y se arrastraban a bordo del transbordador.

Cerbero

Tras el largo viaje en transbordador a través del río, el alma desembarcó para encontrarse con el guardián del Inframundo. Cerbero era un temible perro de tres cabezas que custodiaba las puertas de entrada al Inframundo. Todos los que entraban por las puertas podían quedarse. A nadie, sin embargo, se le permitía salir. Su trabajo consistía en asegurarse de que nadie saliera del Inframundo, con un puñado de excepciones, entre ellas Eneas.

Los tres jueces

Puede que Plutón fuera el rey, pero delegaba las tareas diarias de dónde colocar a los mortales en tres jueces. El panel de estos tres jueces estaba formado por Rhadamanthus, hijo de Júpiter y Europa; Minos, que era uno de los hermanos de Rhadamanthus; y Aeacus, que era hijo de Júpiter y Aegina. Los jueces pesaban la vida de cada alma mortal y las colocaban en la zona adecuada.

Conclusión

Las creencias en torno a las tradiciones funerarias de romanos y griegos y el lugar al que iban a parar sus almas era una forma interesante de ver la relación entre la muerte y la vida que había vivido una persona. Algunos de los rituales eran similares a los actuales, y la creencia en una vida después de la muerte era un concepto universal tanto en el pasado como en el presente.

Por mucho que haya pasado el tiempo, el panteón romano, con sus fábulas, mitos y leyendas, seguirá cautivando e inspirando a los contemporáneos. Aunque los mitos en sí eran entretenidos, cada uno de ellos tenía al menos un tema y una lección que aprender. Las leyendas se transmitieron de generación en generación a través de los poemas épicos de Homero, autor de La Ilíada y La Odisea, y Virgilio. En los tiempos modernos, estos mitos se han convertido en la inspiración de numerosas películas, programas de televisión y libros.

Espero que hayas disfrutado conociendo el fascinante mundo de la mitología romana. Te invito a que eches un vistazo a mis otros libros en Amazon, que tratan sobre las mitologías de varias culturas antiguas, como la griega, la nórdica, la celta y la egipcia.

Referencias

Adhikari, S. (2018, 12 de enero). Los 10 mitos más Populares y Fascinantes de la Antigua Roma. *Ancient History Lists.* https://www.ancienthistorylists.com/rome-history/top-10-interesting-roman-mythology/

Eneas |*Mito y familia*| *Britannica.* (s.f.). Recuperado el 5 de julio de 2022, de https://www.britannica.com/topic/Aeneas

Alford, C. (2017, 2 de mayo). An Ancient Greek Love Story: Baco y Ariadna de Tiziano. Nouvelle Art. https://nouvelleartsite.wordpress.com/2017/05/02/an-ancient-greek-love-story-titians-bacchus-and-ariadne/

Anderson, W. Scovil (2020, 18 de mayo). Aeneas. Encyclopedia Britannica. https://www.britannica.com/topic/Aeneas

Ascanio | Mitología Romana | Britannica. (s.f.). Obtenido el 4 de julio de 2022, del sitio Web: https://www.britannica.com/topic/Aeneas.

Atsma, A. J. (2017). NYX - *Diosa griega primordial de la noche (Nox romana).* https://www.theoi.com/Protogenos/Nyx.html

Brigden, J. (s.f.). *Quiénes eran los principales dioses y diosas romanos?* Canal de televisión Sky HISTORY. Obtenido el 2 de julio de 2022, del sitio Web: https://www.history.co.uk/articles/who-were-the-major-roman-gods-and-goddesses

Cavazzi, F. (2021, 17 de diciembre). *El panteón romano de dioses.* El Imperio Romano. https://roman-empire.net/religion/list-of-gods/

Claudia. (2021, 8 de octubre). 15 *Famosos mitos y leyendas de Roma.* https://strictlyrome.com/famous-rome-myths-and-legends/

García, B. (2013, 1 de septiembre). *Minotauro.* Enciclopedia de la historia del mundo. https://www.worldhistory.org/Minotaur/

Geurber, H. A. (s.f.). *El mito completo.* Proserpina y plutón. Extraído el 6 de julio de 2022, de http://proserpinaandpluto.weebly.com/the-full-myth.html

Gill, N. S. (2020, 29 de enero). *Fall of Rome-Common Theories and Causes.* ThoughtCo. https://www.thoughtco.com/reasons-for-the-fall-of-rome-118350

Grant, M. (2016, 2 de mayo). *Roman religion-Priests |*
Britannica. https://www.britannica.com/topic/Roman-
religion/Beliefs-practices-and-institutions

GreekMythology.com, T. Editors of Website (2021, April 08).
Ariadna. GreekMythology.com.
https://www.greekmythology.com/Myths/Mortals/Ariadn
e/ariadne.html

GreekMythology.com, T. Editores del sitio web (2015, 24 de
enero). Rhadamanthus. GreekMythology.com.
https://www.greekmythology.com/Myths/Figures/Rhada
manthus/rhadamanthus.html

GreekMythology.com, T. Editores del sitio web (2021, 08 de
abril). El Inframundo. GreekMythology.com.
https://www.greekmythology.com/Myths/Places/The_Un
derworld/the_underworld.html

Heli, R. (2012). *Ancient Roman Holidays & Festivals en The*
Detective & the Toga.
https://www.histmyst.org/festivals.html

Viaje de Eneas-Citizendium. (2021, 27 de enero).
https://en.citizendium.org/wiki/Journey_of_Aeneas

Kiran. (2022, 11 de mayo). Casandra: La Sacerdotisa Troyana
de Apolo de la Mitología Griega -. *Sueños y Mitología.*

https://dreamsandmythology.com/cassandra-greek-mythology/

Land, G. (2021, 1 de septiembre). *Los 12 dioses y diosas de la Roma pagana*. History Hit. https://www.historyhit.com/the-gods-and-goddesses-of-pagan-rome/

Law, E. (2018, 1 de marzo). *Veni, Vidi, Vici: Origen del dicho "Vine, vi y vencí"*. Viaje Cultural. https://theculturetrip.com/europe/italy/articles/veni-vidi-vici-origin-of-the-saying-i-came-i-saw-i-conquered/

Marta. (2021, 23 de noviembre). Mitología romana: 18 mitos y leyendas más famosos de la antigua Roma que debes conocer. *Mama Loves Rome*. https://mamalovesrome.com/roman-mythology-and-legends/

Criaturas Míticas. (s.f.). Roman Mythology. Obtenido el 3 de julio de 2022, del sitio Web: http://romanmythologyinfo.weebly.com/mythical-creatures.html

Profesor Geller. (2016, 26 de octubre). *Ceres-Diosa romana de la agricultura*. Mythology.Net. https://mythology.net/roman/roman-gods/ceres/

Profesor Geller. (2016, 18 de noviembre). *Fauno-Mitológico romano mitad humano mitad cabra*. Mythology.Net. https://mythology.net/roman/roman-creatures/faun/

Profesor Geller. (2016, 1 de noviembre). *Vesta-Diosa virgen romana del hogar y la familia*. Mythology.Net. https://mythology.net/roman/roman-gods/vesta/

Singh, Y. (2022, 22 de febrero). *The Rise of Christianity in Ancient Rome*. https://historyten.com/roman/rise-christianity-ancient-rome/

The Underworld. (s.f.). Extraído el 7 de julio de 2022, de https://www.greekmythology.com/Myths/Places/The_Underworld/the_underworld.html

Wasson, D. L. (2018, 8 de mayo). *Mitología romana-Enciclopedia de Historia Universal*. https://www.worldhistory.org/Roman_Mythology/

¡12 dioses romanos principales que debes conocer! (2020, 7 de noviembre). *Museum Facts*. https://www.museumfacts.co.uk/romans-gods/